L'écureuil

Croque-noisettes

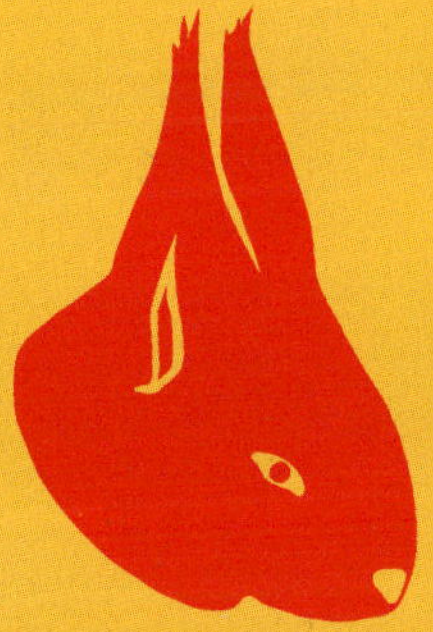

Texte de Stéphanie LEDU-FRATTINI
Photos des agences COLIBRI et JACANA

Mini Patte

MILAN

Collection dirigée par Valérie Tracqui

L'écureuil roux vit en solitaire dans les arbres. On le reconnaît à sa couleur dorée et à sa belle queue touffue.

Lutin des bois

Il habite dans les bois de feuillus ou de résineux. Mais on le voit aussi dans les parcs et les jardins.

C'est déjà l'automne... Le soleil, qui se lève tout doucement sur la forêt, réveille l'écureuil. Il a passé la nuit blotti dans un nid de feuilles, en haut du grand chêne. Soudain, le petit rouquin sort le bout du museau. Coucou ! Il commence sa journée par une grande toilette. Il se gratte le ventre avec ses griffes, puis peigne sa queue pour bien l'ébouriffer. Le voilà prêt !

Méfiant

Hop, hop ! Tête en bas, l'écureuil descend de l'arbre à toute vitesse. Il s'arrête un instant pour surveiller les environs. Tout est calme ? En quelques bonds, le voilà près d'une flaque d'eau. Pour boire, il faut faire vite ! Au sol, un renard ou un chat sauvage pourraient l'attraper. Méfiant, l'écureuil remonte dès que possible dans les branches. C'est là qu'il se sent en sécurité.

Bien agrippé au tronc par ses griffes, l'écureuil ne tombe jamais.

Avec ses mains très habiles, l'écureuil peut saisir de toutes petites graines. Certains animaux sont gauchers, d'autres sont droitiers.

Comme il mange surtout des graines sèches, il a souvent besoin de boire.

Pour user ses dents, qui poussent sans arrêt, l'écureuil doit ronger des écorces.

Quand le soleil tape, l'écureuil se sert de sa queue comme d'un parasol. La nuit, il l'enroule autour de lui pour avoir bien chaud.

Quel acrobate !

Corps aplati, pattes écartées, l'écureuil plane. Sa queue lui sert de gouvernail.

C'est vraiment haut ! Encore un effort pour attraper la belle noisette...

Agile, l'écureuil saute d'un arbre à l'autre. Il avance jusqu'au bout d'une branche, prend son élan et bondit dans le vide. 3 m d'un seul coup... Bravo ! Pendant le saut, il se sert de sa queue en panache pour se diriger. Lorsqu'il atterrit, elle le freine comme un parachute. Elle lui est si utile qu'il fait bien attention à ne pas la blesser ou à l'abîmer.

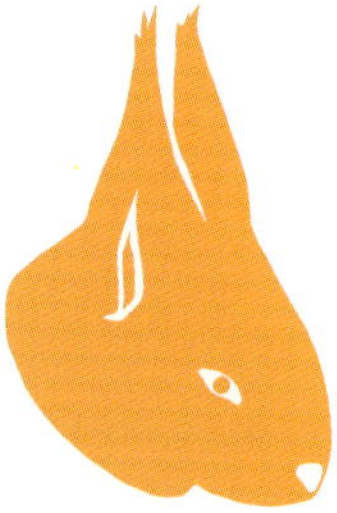

Miam miam !

Durant toute la journée, l'écureuil cherche à manger dans les arbres. Graines, noix, noisettes, pommes de pin, glands : le malin fait un petit trou, glisse ses dents dedans et crac... tout éclate ! Au printemps, le lutin rouge mange aussi des bourgeons et des fleurs. En été, il ajoute des fruits et, en automne, il se régale de champignons. Il digère même les plus vénéneux !

Voler un œuf, percer la coquille d'un escargot ou une noix... Facile !

L'écureuil fait tourner le cône dans ses mains pour dépiauter les graines. Il visite ainsi jusqu'à 200 cônes par jour.

Museau tendu, l'écureuil flaire toutes les odeurs de la forêt. Ses moustaches sont très sensibles.

En automne, il mange pour faire des réserves de graisse.

En la reniflant, il sait si une noisette est bonne ou mauvaise.

Provisions d'hiver

À l'automne, l'écureuil fait des réserves. Il enfouit une noisette au pied d'un sapin. Dans un trou d'arbre, il cache une pomme de pin. Puis il fait sécher des champignons dans un vieux nid d'oiseau... Attention ! il n'a pas vu la martre qui le guettait. Agile, elle le poursuit en haut de l'arbre. Mais l'écureuil file sur une branche fine, et saute... Ouf ! Il est sauvé.

La nuit, la martre des pins attaque aussi parfois les écureuils dans leur nid !

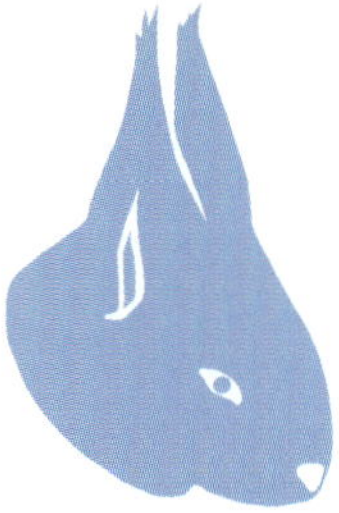

Brrr… c'est l'hiver

L'hiver, tout est blanc. Il fait si froid dans la forêt que l'écureuil passe presque tout son temps à dormir. Mais parfois, la faim le force à sortir de son nid douillet… Dans les arbres, il n'y a plus rien à manger. Alors, l'écureuil flaire le sol, à la recherche des provisions qu'il a enterrées. Une noisette par ici, une noix par là… Il peut les sentir sous 30 cm de neige !

Le renard a très faim, lui aussi. Attention, petit écureuil !

Une seule solution : fuir en faisant des bonds.

L'hiver, ses oreilles portent des touffes de poils : les pinceaux.

Les écureuils ne se rencontrent qu'à la fin du mois de janvier pour s'accoupler. Puis la femelle chasse le mâle, qui ne verra pas ses petits.

Rencontre

Pour attirer les mâles, la femelle dépose du pipi sur son territoire. C'est le signal. Tout excités, 2 mâles se poursuivent en poussant des cris aigus. Quelle bataille ! La femelle les observe : elle s'accouplera avec le vainqueur. Mais c'est toute seule qu'elle construit le nid pour ses bébés. Un vrai travail ! Il lui faut de la mousse, des plumes, des poils... Tous emmêlés, ils feront un chaud matelas.

Les voilà !

5 semaines plus tard, 3 bébés naissent dans le nid. Ils sont tout nus, sourds et aveugles. Mais leur maman leur tient chaud. La toilette est nécessaire. Un par un, Maman les prend dans ses petites mains et les lèche longuement.

Chaque bébé pèse le poids de 2 sucres.

Ces petits sont encore maladroits. Les acrobaties, ce sera pour plus tard !

Maman écureuil a 8 tétines. Chaque bébé reconnaît la sienne à l'odeur.

En cas d'alerte, Maman a prévu plusieurs cachettes de secours.

Bien à l'abri, les bébés écureuils passent leurs journées à dormir et à téter. Ils grandissent vite. À 1 mois, leur pelage est déjà épais. Leurs yeux s'ouvrent. Ils commencent à entendre. 2 semaines plus tard, ils sont prêts à sortir pour manger.

Au secours, un hibou grand duc ! Il vole sans bruit
et ses griffes sont terribles.

Petits polissons

Bisous, câlins... Les bébés sont de grands copains. En jouant, ils travaillent leurs acrobaties.

Comme les grands, le petit écureuil a appris à être toujours en alerte. Mais il n'est pas très rapide...

« Cache-cache », « Où es-tu ? »... À 2 mois, les bébés ne pensent qu'à jouer. Leur maman doit les surveiller sans cesse. Elle le sait : la forêt est dangereuse pour ses petits sans expérience. Si l'un d'eux s'éloigne, hop ! elle le saisit par le cou et le ramène au nid dans sa gueule. Soudain, elle lance son cri d'alerte : « Douc-douc ! Vite, il faut se cacher ! Voilà le hibou... »

Au revoir, Maman !

L'été arrive. Les jeunes écureuils, âgés de 4 mois, ne jouent plus ensemble et leur mère ne s'occupe plus d'eux. Petit à petit, la famille se sépare. Chaque écureuil part dans la forêt pour s'installer sur un territoire bien à lui. Là, il doit se débrouiller pour se nourrir et échapper aux dangers. Avec de la chance, certains petits lutins rouges vivront 10 ans.

Au mois de juillet, quand les jeunes écureuils partent vivre seuls, la femelle a une autre portée. La famille s'agrandit...

JARDINIER COQUIN

Autrefois chassé pour sa chair et sa fourrure, l'écureuil roux est aujourd'hui une espèce protégée. Bien sûr, il cause parfois des dégâts aux arbres. Mais c'est aussi un précieux jardinier, qui plante beaucoup de graines ! On le trouve dans toutes les forêts d'Europe.

Si on ne lui fait pas peur, l'écureuil vient volontiers se nourrir dans le jardin.

Chasse interdite

Les hommes de la préhistoire mangeaient déjà des écureuils. Plus tard, on le tua à cause de sa belle fourrure... Aujourd'hui encore, les Russes le chassent dans la taïga. Heureusement, en France et dans de nombreux pays, les écureuils sont protégés. La chasse est interdite, tout comme l'élevage.

Un fameux forestier

L'écureuil rend de grands services à la forêt. En effet, quand une graine tombe d'un arbre, elle a très peu de chances de germer. Pour pousser, il faut qu'elle soit enterrée. Justement, en automne, l'écureuil enfouit partout noix, noisettes, glands... L'hiver venu, il oublie souvent ses cachettes. L'étourdi permet ainsi à de nouveaux arbres de naître dans la forêt. Merci, petit rouquin !

En Angleterre, on a introduit il y a 100 ans l'écureuil gris. Plus malin et plus fort que le roux, il l'a fait totalement disparaître !

De grosses bêtises

Tu as trouvé des rubans d'écorce accrochés aux branches ? C'est qu'un écureuil est passé par là ! En été, le lutin rouge « épluche » les arbres pour croquer leur bois tendre et plein de sève. Mais sans leur enveloppe protectrice, chênes et sapins tombent facilement malades... et les forestiers ne sont pas contents du tout !

Les écureuils peuvent devenir très familiers.

L'écureuil gris

Les cousins

L'écureuil est un rongeur, qui fait partie de la même famille que les marmottes ou les chiens de prairie. Mais ses plus proches cousins sont les 130 autres espèces d'écureuils qui vivent dans les arbres. Leur couleur varie, mais ils ont tous une queue en panache et des talents d'acrobates.

L'**écureuil gris** est 2 fois plus gros que l'écureuil roux. Très courant en Amérique du Nord, il vit même au cœur des villes. Habitué à l'homme, il vient chercher sa nourriture dans la main.

L'écureuil palmiste

On reconnaît l'**écureuil palmiste** d'Asie à sa jolie fourrure rayée. Il s'aventure dans les cultures de cacao et de kapok, où il fait de nombreux dégâts. Pas étonnant que les paysans le piègent pour le manger.

L'écureuil de l'Hudson

L'**écureuil de l'Hudson** vit au Canada et en Alaska. Il ressemble beaucoup à l'écureuil roux. Mais, contrairement à son cousin, il saute volontiers à l'eau, car il nage très bien.

L'écureuil du Venezuela

L'**écureuil bicolore du Costa Rica** fait des ravages dans les plantations de cacao, dont il adore croquer les fèves. Il est facile à apprivoiser, mais peut aussi mordre très fort.

L'écureuil du Costa Rica

L'**écureuil du Venezuela** a les mêmes habitudes que l'écureuil roux. Mais il n'y a pas d'hiver dans les forêts tropicales où il vit, il ne lui pousse pas de touffes de poils sur les oreilles.

Quelques questions sur la vie de l'écureuil, dont tu trouveras les réponses dans ton livre.

Crédit photographique :

Agence Colibri :
J.-L. PAUMARD : garde, p. 6 (h), p. 12 (h), p. 17 (b), p. 29 (b) ; A. LABAT : couverture, p. 9 (b), p. 10, p. 14 (bg) ... (h) ;
G. FLEURY : p. 9 (hg) ; J. GINESTOUS : p. 9 (hd) ; C. GUIHARD : p. 12-13, p. 26 (bg) ; S. BLAYAC : p. 12 ... ;
M. ET V. MUNIER : p. 15 (b) ; C. SIMON : p. 16-17 ; B. BOUDINOT : p. 17 (h) ; P. EMERY
G. BONNAFOUS : p. 23 (b), p. 28 (b) ; P. RICARD : p. 26-27 (h), p. 28 (h) ; E. MEDARD : p

Agence Jacana :
M. DANEGGER : p. 11 (h et b), p. 14 (bd), p. 18-19, p. 22 ; S. DANEGGER : 4e
D. MAGNIN : p. 6-7 ; M. COLAS : p. 20 (d) ; J.-P. VARIN : p.

Loi 49.956 du 16.07.1949 / Dépôt légal : 2e trimestre
ISBN : 2.7459.0587.2
Imprimé en Belgique par Casterman, S.A., Tourna...